SECHUNDNEUNZIGMAL

„EIN"

FÜHLEN

AF215969

HERTALDIS OFFERMANN

SECHSUNDNEUNZIGMAL

„EIN"

FÜHLEN

Bibliografische Information der Deutschen Nationalbibliothek:

Die Deutsche Nationalbibliothek verzeichnet diese Publikation in der Deutschen Nationalbibliografie; detaillierte bibliografische Daten sind im Internet über http://dnb.dnb.de abrufbar.

Herausgeber und Gestaltung:

Ralf Höpfner, Hamburg

Fotos © 2017 Hertaldis Offermann, Berlin

Herstellung und Verlag:

BoD – Books on Demand, Norderstedt © 2017

ISBN: 978-3-746-04761-4

VORWORT

WAS BRINGT DENN DAS SICH EIN-PENDELN

AUF VOR-SILBEN

WIRD MANCHER LESER SICH FRAGEN.

ES IST SPASS, NEUGIER,

FREUDE AM ARTIKULIEREN

DER SELBSTVERSTÄNDLICHKEITEN, MIT DENEN WIR

MEIST AUS DER LERNERFAHRUNG

IN DER MUTTERSPRACHE UNS MITTEILEN.

DIESE EIN-, DOPPELT-, GEGEN-DEUTIGKEITEN

ZU FORMULIEREN KÖNNTE HELFEN,

MIT SPRACHE VERANTWORTUNGSBEWUSSTER

UMZUGEHEN.

VIELLEICHT SOGAR EIN HILFSMITTEL,

BEI DER VERMITTLUNG UNSERER SPRACHE

AN FREMDE MUTTERSPRACHLER ZU WERDEN.

Hertaldis Offermann   Berlin, den 29.10.2017

AUF DAS ATMEN IN DER WELT WARTEN ALLE
BEI JEDER GEBURT OB MENSCH ODER TIER
HEISST DAS: JETZT BIN ICH HIER.

BEIM EINATMEN IST OFT VORSICHT GEBOTEN
WEIL NICHT ALLE STOFFE SIND GUT VERTRÄGLICH.
MANCHES GEMISCH IN DER LUFT
IST ALLEM LEBENDIGEN SCHÄDLICH.

WIR MÜSSEN BLÄTTER ZUM BUCH ERST BINDEN,
DAMIT WIR UNS IN DER VIELFALT
AUCH SPÄTER ZURECHTFINDEN.

STEHT EIN KIND BEIM SPIELEN NOCH ABSEITS,
WÜNSCHT ES SICH SICHER IN TIEFSTER SEELE,
DASS DIE ANDEREN ES EINBINDEN
UND VERLOCKEN ZUM MITEINANDER.

BAUEN ERZÄHLT UNS VOM GESTALTEN
UND ZUSAMMENFÜGEN.
OB DIE SANDBURG ODER DER BERÜHMTE DOM,
ALLES MUSSTE DURCH BAUEN ENTSTEHEN.

HÖREN WIR JEDOCH VOM EINBAUEN,
DANN HANDELT ES SICH STETS UM SPEZIELLES,
DAS ALS TEIL ZUM FUNKTIONIEREN NOCH NÖTIG.

RUFEN IST DIE LAUTE ENTÄUSSERUNG VOM MENSCH
UND AUCH TIER.
DIE ENTFERNUNG WIRD DURCH LAUTES
ÜBERBRÜCKT.

BEI EINER VORTRAGSREDE WIRD OFT BEFÜRCHTET,
DASS DURCH UNSACHLICHES EINRUFEN
DIE VERANSTALTUNG WIRD GESTÖRT.

WIR BIEGEN DEN DRAHT, DEN RUMPF,

AUCH DIE GERTE.

MANCHMAL BLEIBT DIE NEUE FORM

DANN BESTEHEN

ODER DURCH SPANNUNG

SCHNELLT DER GEGENSTAND ZURÜCK

IN DIE ALTE FORM.

AUCH DIE GLIEDMASSE DES KÖRPERS

BIEGEN WIR STÄNDIG

UND BEHERRSCHEN ERST DADURCH

SEINE NÖTIGE FUNKTION.

KOMMEN WIR JEDOCH AN EINE KREUZUNG,

WERDEN WIR DEM FOLGENDEN VERKEHR

ES ANZEIGEN, DASS WIR EINBIEGEN WOLLEN.

MANCHER WIRD SEIN TEMPO

ENTSPRECHEND EINRICHTEN.

KINDER HABEN DEN DRANG, SICH ZU BILDEN,

OBWOHL WIR DAMIT

DIE DIREKTE UNTERWEISUNG MEINEN.

DAFÜR BILDEN WIR DIE LENKENDEN

SCHON FÜR BETREUUNG AUCH DER JÜNGSTEN AUS.

VON DER KRIPPE BIS ZUR UNIVERSITÄT

BEDARF ES DER BILDUNG GEEIGNETER PERSONEN

FÜR DIE WEITERGABE VON KULTUR UND WISSEN.

GANZ ANDERS

IST DER BEGRIFF EINBILDEN ZU DEUTEN,

DENN DA MEINT JEMAND

NUR ZU KÖNNEN ODER ZU KENNEN

UND VERFÜGT EBEN NICHT

ÜBER ENTSPRECHENDES WISSEN,

GENÜGEND FÄHIGKEITEN UND FERTIGKEITEN.

DIE AUSTERN

BRECHEN WIR AUF, UM SIE ZU GENIESSEN,

DIE NUSSSCHALE

MÜSSEN WIR IRGENDWIE BRECHEN,

UM DEN KERN ESSEN ZU KÖNNEN.

DEN FLIEDER

WERDEN WIR IM FRÜHJAHR

VOM STRAUCH BRECHEN, UM DEN DUFT

IN DER WOHNUNG ZU VERBREITEN.

ABER SPRECHEN WIR VOM EINBRECHEN,

SIND DAMIT BÖSE FOLGEN VERBUNDEN.

OB NUN DURCH DIE DÜNNE EISSCHICHT IM SEE

ODER DURCH RÄUBER IN DIE WOHNUNG

IST STETS ÄRGER DAMIT VERBUNDEN.

MANCHER WÜNSCHT SICH, DASS JEDER

FÜR UNGERECHTES HANDELN SOLLTE BÜSSEN,

DASS ER STRAFE DAFÜR ERHÄLT.

ES WIRD SOGAR ALS WUNSCH OFT ARTIKULIERT,

WENN DIE DROHUNG ERKLINGT:

DAFÜR SOLLST DU BÜSSEN –

ALSO AUCH DU SOLLTEST LEIDEN – WIE ICH JETZT.

IST ABER VOM EINBÜSSEN DIE REDE,

DANN GEHT ES MEIST UM MATERIELLEN VERLUST.

ABER AUCH ACHTUNG UND RUF

KANN MAN EINBÜSSEN

WENN UNREDLICHES HANDELN

DAS ANSEHEN ZERSTÖRT.

WIR DRÜCKEN DIE KINDER, DIE FREUNDE, DIE TIERE
WEIL WIR ZUNEIGUNG ZEIGEN WOLLEN.
DIE TÜRKLINKEN DRÜCKEN WIR RUNTER,
UM DAS ÖFFNEN ZU ERMÖGLICHEN.
DEN SAMEN DRÜCKEN WIR IN DIE ERDE,
DAMIT ER SICH MIT NÄHRSTOFFEN
VOLLSAUGEN KANN, UM ZU WACHSEN.

HÖREN WIR VOM EINDRÜCKEN,
HABEN WIR VIELE BILDER IM KOPF.
DIE FORMEN IN DEN PLÄTZCHENTEIG,
DEN FORMENDEN FINGER IN DIE TONMASSE,
DIE VERSCHLOSSENE TÜR
OHNE SCHLÜSSEL ZU ÖFFNEN
ODER DEN VERSTREUTEN GRASSAMEN,
DAMIT VÖGEL UND HÜHNER IHN NICHT
VON DER OBERFLÄCHE WEGPICKEN.
UND MIT WELCHEN EINDRÜCKEN KOMMEN WIR
VON UNSEREN REISEN ZURÜCK?

FAHREN IST NICHT EXTRA ZU ERKLÄREN,

DOCH EINFAHREN KANN MAN IN EIN TOR,
IN EINE STRASSE, IN EIN LAND, IN EINE FÄHRE
ODER AUCH IN EIN GEFÄNGNIS
ZUM ABSITZEN SEINER STRAFE.
DER VOLKSMUND SPRICHT
AUCH BEI BESONDERS ÜPPIGEM ESSEN
VOM ZU VIEL EINFAHREN.
DIE ERNTE MUSS MAN EINFAHREN,
UM SIE FÜR ESSEN ODER FUTTER ZU SICHERN.

WIR ERWARTEN VOM WISSENDEN,

DASS ER UNS SICHER DURCH EIN GEBIET FÜHRT,

DAS ER KENNT.

OB IN DER AUSBILDUNG

ODER DURCH EINEN URWALD

ODER BEI DER DURCHFÜHRUNG VON

EXPERIMENTEN IN DEN NATURWISSENSCHAFTEN.

ABER EIN NEUES PRODUKT BEDARF DES

GESCHICKTEN BEWERBENS,

UM ES IN DEN MARKT ERFOLGREICH

EINFÜHREN ZU KÖNNEN.

AUCH NEUE METHODEN IN DER MEDIZIN

MÜSSEN SICH ERST ERFOLGREICH BEWEISEN,

BIS SIE ANDERE INSTITUTIONEN IN IHR KONZEPT

EINFÜHREN.

SELBST MENSCHEN WERDEN WIR

IN BESTIMMTE GESELLSCHAFTSGRUPPEN

DURCH VORSTELLEN EINFÜHREN.

WIR GEHEN GERN INS RESTAURANT,

INS THEATER, ZUM RENDEVOUZ,

ZUR SPORTVERANSTALTUNG,

IN EINE AUSSTELLUNG, DURCH EINEN WALD.

KLAGT UNS EIN KIND SEINEN KUMMER,

DANN ERWARTET ES,

DASS WIR AUF SEIN LEID EINGEHEN.

JEDES MITGETEILTE WORT AN EINEN ANDEREN

SETZT MINDESTENS

DAS EINGEHEN IN DAS HÖRORGAN

DES ANGESPROCHENEN VORAUS.

DAS EINGEHEN IN DEN VERSTAND

LÖST DANN VIELLEICHT AUCH

DAS GEFÜHLSMÖGLICHE EINGEHEN

AUF DIE GESUCHTE HILFE AUS.

DABEI SIND WIEDER NUR

BEI EINEM SO TRIVIALEN WORT WIE „GEHEN"

KÖRPER-GEIST-SEELENBETEILIGUNG BEWIESEN.

WIR FALLEN OFT AUF SCHMEICHELWORTE REIN

UND LASSEN UNS VON WORTHÜLSEN BLENDEN,

DIE NICHT MIT ECHTEM GEFÜHL WIE EHRLICHKEIT

IN DIE WELT GESCHICKT WERDEN.

DIE WERBUNG BEDIENT SICH SOLCHER SPRACHE,

UM ZU VERLOCKEN ZUM KONSUM

UND DAMIT ZUM GEWINN DER PRODUZENTEN

ODER DER VERKÄUFER.

DIE GEDANKEN, DIE MIR DAZU EINFALLEN,

VERLANGEN, DASS ICH MICH ÖFFNE

FÜR VIELFACHES DEUTEN.

FEINDE WERDEN IN DAS BEGEHRTE GEBIET

EINFALLEN,

UM ES IN BESITZ ZU NEHMEN,

WIE EBEN AUCH GEDANKEN, DIE EINFALLEN

VOM MENSCHEN BESITZ ERGREIFEN

UND IHN BIS IN SEINE TRÄUME

VERFOLGEN KÖNNEN.

OFT WURDE EIN EINFALL SCHON

ZUM BESESSENEN HANDLUNGSANTRIEB.

BEI SEHR VIELEN TÄTIGKEITEN

SITZEN WIR BEQUEM AN TISCHEN

ODER BEIM ERHOLEN IM WEICHEN SESSEL.

TIERE SITZEN AUF BLÄTTERN

ODER AUCH ALS SCHMAROTZER IM FELL.

DOCH ERZÄHLEN WIR JEMAND VOM EINSITZEN,

DANN WEISS JEDER,

DASS DERJENIGE FÜR BESTIMMTE ZEIT

SEINER FREIHEIT BERAUBT IST.

SCHON DIE ANKÜNDIGUNG,

WENN DU DAS UND DAS TUST,

WIRST DU DAFÜR EINSITZEN,

BRINGT MANCHEN POTENTIELLEN TÄTER

VON SEINEM UNEHRENHAFTEN, UNSOZIALEN

VERHALTEN AB.

ALLES HANDELN IST EIN MACHEN

ALS SYNONYM FÜR TUN.

IM DEUTSCHEN KEINE WOHLKLINGENDE

TÄTIGKEITSBESCHREIBUNG,

WEIL IMMER NOCH EINE INHALTSBESCHREIBUNG

ÜBER EIN „WAS" FOLGEN MUSS.

ABER UNTER EINMACHEN VERSTEHEN DIE MEISTEN

SOFORT EINDEUTIG DAS HALTBARMACHEN

VON LEBENSMITTELN.

REDEN WIR ABER VON KINDERN ODER KRANKEN

MIT DIESEM WORT,

BESCHREIBT ES DIE INKONTINENZ UND LÖST

UNWILLEN, MITLEID ODER HILFSBEREITSCHAFT

AUS.

ALLE PFLANZEN, DIE WIR IHRER NATÜRLICHEN
UMWELT ENTRISSEN HABEN, MÜSSEN WIR GIESSEN.
OB IM GEWÄCHSHAUS, IN DER WOHNUNG
ODER ALS SCHMUCK IM ÖFFENTLICHEN RAUM.
IN OASENSTÄDTEN SIND GANZE ANLAGEN VERLEGT,
UM IN DIESER PFLANZENFEINDLICHEN UMWELT
SIE ZU GIESSEN UND DAMIT IHR EXISTIEREN
ZU ERMÖGLICHEN.

ABER EINGIESSEN
WIRD IMMER MIT FREUDE BEOBACHTET.
OB DER OBER DEN SEKT EINGIESST ODER ZU HAUSE
DER PARTNER DEN WEIN, KAFFEE ODER TEE
ODER AUCH DAS BIER
WIRD IMMER DIE VORFREUDE AUF DEN GENUSS
DAS EINGIESSEN BEGLEITEN.
HAT JEMAND BÖSE ABSICHT
BEIM EINGIESSEN EINER GIFTIGEN SUBSTANZ,
WIRD ER DAS IM VERBORGENEN TUN.

WIR GREIFEN SEHR GERN

IN EINE MIT PRALINEN GEFÜLLTE SCHALE

ODER IN DEN BUNT GEMISCHTEN OBSTKORB.

AUCH NACH DER HAND DES ERSEHNTEN FREUNDES

WERDEN WIR GREIFEN,

WIE BESCHÜTZEND SEHR RASCH NACH DEM KIND,

WENN GEFAHR SICH ANBAHNT.

ALLERDINGS IST EINGREIFEN

NICHT FÜR JEDEN MENSCHEN

SELBSTVERSTÄNDLICH.

OFT WIRD ABGEWOGEN, WELCHE GEFAHR

FÜR DEN EINGREIFENDEN SELBST ENTSTEHT.

LEIDER IST ES ABER MEIST NUR EIN DESINTERESSE

WAS BEIM BEOBACHTEN EINES STREITS

ODER EINER BEDRÄNGNIS

DAS EINGREIFEN VERWEHRT.

UNTERLASSENE HILFELEISTUNG WIRD

VOM GESETZ GEAHNDET

DOCH NICHT GELEISTETES EINGREIFEN

BEVOR SCHLIMMERES PASSIERT

IST LEGAL

OBWOHL BAR JEDER MORAL.

WIR HÄNGEN BILDER AN DIE WAND,

GARDINEN VOR DIE FENSTER,

FAHNEN AN DIE MASTEN

ODER AUCH DIE ZUNGE HERAUS

ALS ZEICHEN UNSERES DURSTES.

NUR EINHÄNGEN

KANN SICH DIE FREUNDIN IN DEN ARM

DES GELIEBTEN

UM ALLEN ZU ZEIGEN –WIR GEHÖREN ZUSAMMEN

ODER DEN PFERDEANHÄNGER

IN DIE ANHÄNGERKUPPLUNG DER ZUGMASCHINE

ODER DIE FENSTER UND TÜREN

IN DIE DAFÜR VORGESEHENE ANGEL.

WAS WIR UNS SEHR WÜNSCHEN,

WERDEN WIR VERSUCHEN, UNS ZU HOLEN.

OB ES EIN BROT VOM BÄCKER,

EINE LECKERE TORTE,

EIN AUSGESUCHTES KLEIDUNGSSTÜCK,

EINE REIFE FRUCHT VOM STRAUCH

ODER DURCH BESONDERE LEISTUNG AUCH EIN LOB

VON MENSCHEN, DIE WIR ACHTEN.

ABER EINHOLEN KANN ICH DEN, DER BESSER,

SCHNELLER, ANERKANNTER,

VIELLEICHT AUCH GERISSENER IST ALS ICH.

ETHOS UND MORAL ABER

KANN ICH NICHT EINHOLEN,

DIE MUSS SICH ENTWICKELT HABEN,

DA HILFT AUCH KEIN ÄUSSERES GEBAREN,

DAS DIE UMWELT ZWAR TÄUSCHEN,

DOCH DIE SITTLICHE REIFE

EINES ANDERS GEARTETEN MENSCHEN

NIEMALS EINHOLEN KANN.

DER TAUSCHHANDEL FÜHRTE ZUM GELD,

MIT DEM WIR KAUFEN KÖNNEN

WONACH WIR BEGEHREN

OHNE EIN ADÄQUATES TAUSCHOBJEKT

ZU BESITZEN.

SO HAT SICH DAS GELD VÖLLIG VERSELBSTÄNDIGT

ALS WERTEÄQUIVALENT.

HÖREN WIR ABER DAS WORT EINKAUFEN,

VERBINDEN WIR DAMIT KONKRETES.

OB EINEN PROFIFUSSBALLER ODER LEBENSMITTEL

ODER ABER UNS ALS TEILHABER IN EIN GESCHÄFT,

BLEIBT ZUNÄCHST OFFEN.

DAS LAUB IM HERBST KEHREN WIR VOM GEHWEG,

DAMIT KEIN AUSRUTSCHER PASSIERT.

DEN SCHMUTZ KEHREN WIR ZUSAMMEN,

UM IHN ZU ENTFERNEN

BEVOR WIR ZUM BEISPIEL

MIT ANDEREN MITTELN PUTZEN.

ABER BEI DEM WORT EINKEHREN, DENKEN ALLE

SOFORT AN EINE GASTRONOMISCHE STÄTTE,

OB EIN CAFE, EIN RESTAURANT ODER EINE KNEIPE

IST ABHÄNGIG VON UNSEREM VORHABEN

ODER UNSEREM ANSPRUCH.

ANHALTEN IST MIT EINKEHREN VERBUNDEN.

SO GIBT ES AUCH

IN KIRCHENKREISEN

EINKEHRTAGE, WO EINGELADEN WIRD,

IN SICH SELBST EINZUKEHREN.

HALT EINKEHR MEINT, BESINNE DICH.

DARAUS RESULTIERT SICHER AUCH DER SPRUCH:

„KEHRE DOCH VOR DEINER TÜR,

EHE DU ÜBER ANDERE LÄSTERST".

IN UNSEREN GEOGRAFISCHEN BREITEN

MÜSSEN WIR UNS WEGEN DER

WECHSELNDEN AUSSENTEMPERATUREN KLEIDEN.

DABEI PASSEN WIR UNS NICHT NUR

DEM WETTER AN.

AUCH TREND, MODE, GELD BESTIMMEN

UNSERE KLEIDUNG.

OFT ORDNEN WIR DAS SICH KLEIDEN

AUCH BESTIMMTEM BERUFSSTAND UNTER.

MAN DENKE NUR

AN GESCHÄFTSLEUTE, POLITIKER, UNIFORMTRÄGER.

DAS WORT EINKLEIDEN RUFT DAGEGEN

EINEN SCHRITT IN EINE NEUE LEBENSETAPPE

IN UNSEREN SINN.

OB NUN IN EINEN ORDEN

ODER EINEN SPORTCLUB IN DER SCHULZEIT

ODER FÜR DIE KOMMUNION ODER KONFIRMATION.

WIR LADEN DAS AUTO AUF DEN ABSCHLEPPWAGEN,
DIE MÖBEL IN DAS UMZUGSAUTO,
DIE PISTOLE MIT MUNITION.
DOCH EINLADEN WECKT BEI MIR DEN SINN
DES FREIWILLIGEN.

EINLADEN SOLLTE ICH NUR,
WENN ES MIR EIN EHRLICHES BEDÜRFNIS IST,
MIT BESTIMMTEN MENSCHEN UMZUGEHEN.
DAS GESELLSCHAFTLICHEN ZWÄNGEN
UNTERWORFENE EINLADEN
ENTBEHRT OFT DIESEM INNEREN ANLIEGEN,
ES SEI DENN, MAN WILL IN DER RANGLEITER
DURCH EINLADEN NACH OBEN STEIGEN,
DANN IST ES MITTEL ZUM ZWECK.

AUS ENGER VERFLECHTUNG
EINEN MENSCHEN LASSEN,
IST MEIST MIT SORGE UND ANGST
ODER ABER ENTGEGENGESETZT
MIT BEFREIUNG, SORGLOSIGKEIT
UND ENTSCHLOSSENHEIT VERBUNDEN.

LASSEN WIR DIE KINDER

DEN SCHULWEG ALLEIN GEHEN

ODER DEN JUGENDLICHEN

ALLEIN AUF REISEN GEHEN,

WIRD UNS DIE SORGE NOCH LANGE BEGLEITEN.

ABER LASSEN WIR UNS AUS PARTNERSCHAFTEN

AUSSTEIGEN,

DIE NUR NOCH ZUM STREIT UND HADER DIENEN,

WERDEN WIR UNS BEFREIT FÜHLEN.

DEM LASSEN MUSS ABER EIN EINLASSEN

VORAUSGEGANGEN SEIN.

SICH EINLASSEN AUF DIE VERANTWORTUNG,

KINDER ZU HÜTEN ODER MITEINANDER LEBENSZEIT

ZU VERBRINGEN.

SICH EINLASSEN DARAUF, PFLICHTEN SORGEN,

FREUDEN ZU TEILEN IST VORAUSSETZUNG

FÜR EIN EVENTUELLES SPÄTERES LASSEN.

DER IMPERATIV „LASS ES SEIN!"

SPRICHT OFT DURCH ERFAHRUNG

DIE WARNUNG VOR DEM EINLASSEN AUS.

DIE FORTBEWEGUNG DES LAUFENS
IST VIELEN LEBEWESEN EIGEN.
VIELE TIERE KÖNNEN ES MIT DER GEBURT,
DER MENSCH MUSS ES
IN EINER BESTIMMTEN ENTWICKLUNGSPHASE
LERNEN.
MAN SPRICHT AUCH DAVON,
DASS MOTOREN LAUFEN –
DANN FUNKTIONIEREN SIE STÖRFREI.
AUCH GESCHÄFTE KÖNNEN GUT LAUFEN,
DANN WERFEN SIE EINEN GEWINN AB.

ABER EINLAUFEN
KANN ZU GROSSEN ÜBERRASCHUNGEN FÜHREN,
WENN WÄSCHE UNTER FALSCHEN
BEDINGUNGEN GEWASCHEN WIRD UND
DER SPECKBAUCH NICHT MEHR IN DIE HOSE PASST.
ABER DIE SPORTLER BENUTZEN DAS EINLAUFEN,
UM DIE MUSKELN ZU ERWÄRMEN
UND SIND BEIM WETTRENNEN BEMÜHT,
DASS SIE ALS ERSTE
ODER WENIGSTENS VORN MIT EINLAUFEN.

WIR LEGEN

DIE WÄSCHE ZUSAMMEN,

DAS BABY TROCKEN,

DAS BUCH AUS DER HAND,

DIE BEINE AUF DEN TISCH,

DAS GESCHENK UNTER DEN WEIHNACHTSBAUM,

DIE ZEUGNISSE BEI DER BEWERBUNG VOR

UND UNS MÜDE INS BETT.

ABER EINLEGEN

WIRD DIE HAUSFRAU ENTSPRECHENDES GEMÜSE

WIE GURKEN, TOMATEN, ZWIEBELN UND ÄHNLICHES

ODER FLEISCH IN MARINADE,

UM EINEN BESTIMMTEN

GESCHMACKSVERÄNDERUNGSPROZESS

ZU ERZEUGEN ODER

EINE BESTIMMTE HALTBARKEIT ANZUSTREBEN.

ABER AUCH SOHLEN KANN MAN IN SCHUHE

EINLEGEN, DAMIT DAS LAUFEN BEQUEMER WIRD.

JA, JA ZAHLEN MÜSSEN WIR FÜR ALLES,

OB NUN IN GELDFORM ODER IN DIENSTLEISTUNG

ODER DURCH FREUNDLICHKEIT,

DIE NICHT AUS DEM HERZEN KOMMT.

SELBST DAS GESCHENKTE LEBEN

MÜSSEN WIR ZAHLEN MIT DEM TÄGLICHEN ALTERN.

EINZAHLEN DAGEGEN

IST EINE FREIWILLIGE LEISTUNG,

UM EIN GUTHABEN ZU ERWERBEN

ODER EINE ALTE SCHULD ZU TILGEN.

SO SOLLTEN WIR AUCH JEDEN TAG

IN EINER PARTNERSCHAFT

UNSEREN GUTEN WILLEN EINZAHLEN,

DEM ANDEREN OHNE DIE AUFRECHNUNG

ALTER SCHULD ZU BEGEGNEN.

WOBEI NUR VERSICHERUNGEN DARAUF

SPEZIALISIERT SIND, DURCH EINZAHLEN

SPÄTER AUCH IM HAVARIEFALL ZU ZAHLEN.

IM MENSCHLICHEN BEGEGNEN

GIBT ES KEINE GARANTIE, DASS EMPFÄNGER

AUCH IRGENDWANN MAL ZAHLEN.

DEN ZUCKER LÖSEN WIR IM KAFFEE,

UM DEN SÜSSEN GESCHMACK ZU ERZEUGEN,

DIE HAARE LÖSEN WIR

ABENDS AUS IHRER KLAMMERFRISUR,

DEN GÜRTEL NACH EINEM ÜPPIGEN ESSEN

SOWIE EIN PROBLEM

DURCH NEU GEDACHTEN LÖSUNGSWEG.

AUCH RÄTSEL LÖSEN WIR MIT GROSSER FREUDE

SOWIE KNOTEN, UM DAS PÄCKCHEN ZU ÖFFNEN.

EINLÖSEN MÜSSEN WIR ABER VERSPRECHEN,

SONST KOMMEN WIR NIE

AUS DER SELBST AUFERLEGTEN PFLICHT.

EBENSO WIE WIR DEN LOTTERIEBETRIEB

IN DIE PFLICHT NEHMEN,

WENN WIR UNSEREN GEWINN EINLÖSEN WOLLEN.

DRINKS KANN DER BARKEEPER MISCHEN

SOWIE DER KOCH PASSENDE GEWÜRZE

VERSCHIEDENE FARBEN MÜSSEN WIR MISCHEN,

WENN UNS EIN BESTIMMTER FARBTON

VORSCHWEBT.

EBENSO DIE RICHTIGE TEMPERATUR DES

SCHAUMBADS DURCH MISCHEN

VON WARM UND KALT ERST ENTSTEHT.

DOCH EINMISCHEN IST EINE SOZIALE GESTE,

DIE SICH IN EINEN GEGENEINANDERDISPUT DRÄNGT.

MANCHMAL ZUM SCHLICHTEN

ODER UM EIGENE INTERESSEN MEHR ZU WICHTEN,

SICH MANCHMAL DRITTER IN EIN GESPRÄCH

MIT HINEINDRÄNGT

WIR NEHMEN NICHT NUR MATERIELLES ENTGEGEN,

AUCH AUFGABEN NEHMEN WIR ERNST.

RATSCHLÄGE NEHMEN WIR

ZU UNBEKANNTEM ENTGEGEN UND MANCHMAL

NEHMEN WIR EINEN TADEL ZU SCHWER.

DOCH EINNEHMEN WOLLEN WIR IMMER,

OB DEN GEWINN AUS EINEM VERKAUF

ODER ANDEREN FÜR UNS ZU GEWINNEN,

ZEIGEN WIR UNSER EINNEHMENDES WESEN ZUERST.

GEDANKEN ORDNEN KANN SEHR SCHWER SEIN,
WENN IM WISSEN NOCH KEIN SYSTEM.
WIRR SIND INFORMATIONEN, WENN WIR SIE NICHT
NACH BESTIMMTEN GESICHTSPUNKTEN BESEHEN.

DIESES ORDNEN IM GEISTE IST NÖTIG, DASS
DARAUF BAUEND DIE BILDUNG WÄCHST STETIG.
SO WIE DAS ORDNEN ALLES ERLEICHTERT
WEIL ÜBERSICHT UNS VOR DEM CHAOS BEWAHRT,
SO IST DAZU STETES EINORDNEN NÖTIG,
WEIL UNS DAS ZEITFRESSENDES SUCHEN ERSPART.

DEN RANZEN PACKEN ZUERST UNSERE ELTERN,

SIE STATTEN UNS MIT DEM NÖTIGSTEN AUS.

WIR PACKEN UNSERE EINSCHULTÜTE UND TRAGEN

SIE DANN STOLZ MIT DER MAPPE NACH HAUS.

SPÄTER DANN HABEN DIE ELTERN UND LEHRER

EIN KRITISCHES AUGE AUF DAS,

WAS WIR SELBST EINPACKEN,

DENN SCHNELL MOGELT SICH EIN SPIELZEUG

ZWISCHEN DIE HEFTE.

VON DEM PAPIER, IN DAS WIR WAREN EINPACKEN,

IST NICHTS BESONDERES ZU MELDEN,

NUR DASS MANCHMAL DAZU WIRD

UNNÖTIGER AUFWAND BETRIEBEN.

DIE AUGEN SCHLIESSEN WIR GERN,

WENN WIR UNS AN VERGANGENES GERN ERINNERN.

DIE FENSTER SCHLIESSEN WIR,

DAMIT DIE TEMPERATUR IM RAUM BLEIBT,

DIE TÜREN SCHLIESSEN WIR,

UM UNSERE PRIVATSPHÄRE ZU SCHÜTZEN

ABER EINSCHLIESSEN WERDEN WIR

UNSERE EDELSTEINE IM TRESOR

ODER AUCH WERTVOLLE PRIVATE PAPIERE.

FOSSILIEN SIND IN VERSTEINERUNGSFORMEN

EINGESCHLOSSENE PFLANZEN

UND TIERE AUS LÄNGST VERGANGENER ZEIT.

RANGIERER SCHMIEREN DIE WEICHEN

WIE AUTOMONTEURE KUGELLAGER MIT FETTEN,

DAMIT DIE FUNKTION ERHALTE BLEIBT –

ABER EINSCHMIEREN WERDE ICH MICH

MIT SONNENCREME

ODER DAS KUCHENBLECH MIT FETT

VOR DEM BACKEN.

WIR SCHNEIDEN MIT MESSERN, SCHEREN
DIE VERSCHIEDENSTEN MATERIALIEN,
UM DIE GEWÜNSCHTE MENGE UND FORM
ZU ERHALTEN.
MIT SÄGEN SCHNEIDEN DIE HOLZFÄLLER
DIE BÄUME, MIT DEM MESSER DIE HAUSFRAU
DAS GEMÜSE.
MIT DER GARTENSCHERE SCHNEIDET DER GÄRTNER
KERBEN IN MUTTERPFLANZEN,
UM ANDERE PFLANZEN AUF DIESEM UNTERGRUND
ZUM WACHSEN ZU VERFÜHREN.

ABER EINSCHNEIDEN WERDE ICH
DIE AUGEN IN DEN HALLOWEENKÜRBIS
ODER AUCH DEN AUSSCHNITT AUS DEM STOFF
FÜR DAS ZU GESTALTENDE KLEID.
ERLEBNISSE KÖNNEN SO EINSCHNEIDEN
IN DIE BIOGRAFISCHE ENTWICKLUNG,
DASS DIE GESUNDHEIT DAUERHAFT GEFÄHRDET IST.

SCHREIBEN IST SCHON FRÜHER BESCHRIEBEN
DIE BEDEUTENDSTE KULTURTECHNIK,
UM WISSEN WEITER DAUERHAFT ZU SPEICHERN.

BESONDERS WICHTIGE SCHREIBEN,
DIE NICHT VERLOREN GEHEN DÜRFEN,
WERDE ICH PER EINSCHREIBEN VERSENDEN –
WIE ICH MICH AUCH ZUM STUDIUM
IN DIE STUDENTENLISTE DER UNIVERSITÄT
EINSCHREIBE.

TRETEN WIR IN EINEN RAUM, ATMEN WIR
DIE ATMOSPHÄRE.
INS LEBEN EINTRETEN IST NUR EINE ALLEGORIE,
DENN TRETEN KÖNNEN WIR NUR IN FORM VON
STRAMPELN UND DAS BRINGEN WIR
SCHON IM MUTTERLEIB.
ALSO EINTRETEN KANN MAN NUR EINE TÜR
ODER IN EINEN RAUM
UND TRETEN NUR MIT DEM FUSS AUF DER ERDE
ODER IN DER ABSICHT ZU SCHADEN
EINEM TIER ODER EINEM MENSCHEN.

DIE HAARE TROCKNEN WIR MIT DEM FÖN

ODER AN DER LUFT

WENN WIR GENUG ZEIT DAZU HABEN.

FARBEN, DIE IN DER PALETTE ANGERÜHRT SIND,

WERDEN BEI NICHTVERBRAUCH EINTROCKNEN.

SALZ WIRD GEWONNEN

DURCH EINTROCKNEN DES MEERWASSERS

DURCH DIE SONNENWÄRME

PFLANZEN SIND EINE BOTANISCHE GATTUNG,

DIE DES EINPFLANZENS BEDÜRFTIG

WENN SIE AUS SAMEN WURDEN GEZOGEN

UND NUN PLATZ

FÜR DIE WACHSENDEN WURZELN BENÖTIGEN.

WIR PFLANZEN ABER AUCH VORLIEBEN

IN DIE SEELEN DER KINDER, WENN WIR BESEELT

UND LEIDENSCHAFTLICH MIT FREUDE

UNSERE HOBBIES PFLEGEN,

DENN DEN SAMEN FÜR SOLCHE KLEINEN SPROSSE

PFLEGEN DIE KINDER DURCH NACHAHMUNG

OFT SCHON SELBST.

BEIM EINPFLANZEN ALLERDINGS BRAUCHEN SIE

DANN HILFE

AUCH WENN ES EIN ANDERES HOBBY

ALS VON DEN ELTERN GEWÜNSCHT.

KARTOFFELN REIBEN WIR FÜR KLÖSSE

WIE KÄSE FÜR EIN FONDUE

ODER DIE BATTERIEN

KURZ VOR DEM ENTLADEN AN DEN KONTAKTEN

WIE DIE NICHT RICHTIG ANGENOMMENEN MÜNZEN

AN DEM AUTOMAT.

ABER EINREIBEN MÜSSEN WIR UNS ZUM SCHUTZ

VOR DEN MÜCKEN

ODER WENN DER GELENKAPPARAT ZWICKT

EBENSO WIE WIR DIE BRATPFANNE EINREIBEN,

DAMIT DAS EI NICHT DRAN KLEBT.

BEI DER SCHNEEBALLSCHLACHT IST ES EIN GAUDY,

WENN WIR DIE GEGNER

MIT SCHNEE EINREIBEN KÖNNEN.

WIR REICHEN EINANDER DIE BRÖTCHEN

BEIM REICHEN FRÜHSTÜCK

ODER DIE TASSE BEIM EINGIESSEN

FÜR EIN GETRÄNK.

ZUR BEGRÜSSUNG REICHEN WIR OFTMALS

GEGENSEITIG DIE HÄNDE,

UM ZU ZEIGEN, DASS KEIN HÄNDEL UNS TRENNT.

NICHT IMMER IST DAS ABER GARANTIE,

WEIL DAS HÄNDE REICHEN

EINE ALLGEMEINE ZEREMONIE.

ABER EINREICHEN WERDE ICH

DEN BAUANTRAG FÜR MEIN HAUS

ODER DEN ANTRAG ZUR ERSTATTUNG VON SPESEN,

DAS GEWÄHREN EINER KUR

ODER EINEN UNBEZAHLTEN URLAUB

FÜR BESONDERE REISEN.

REISSEN KANN EINE BASTELTECHNIK SEIN

ODER DAS NICHT ERWÜNSCHTE BESCHÄDIGEN

VON KLEIDUNG.

WIR REISSEN ALTE HÄUSER EIN

WIE WIR AUCH VORURTEILE EINREISSEN SOLLTEN.

DER EINLASSER BEI VERANSTALTUNGEN

WIRD DAS EINTRITTSTICKET EINREISSEN

UND DAMIT ENTWERTEN.

MANCHE GERÄUSCHE REISSEN AN DEN NERVEN

WEIL SIE ZU LAUT UND KÜNSTLICH ERZEUGT,

DAS EINREISSEN VON FINGERNÄGELN

WIRD MEIST SEHR UNANGENEHM ERLEBT.

ZU ERWÄHNEN WÄRE NOCH

DAS REISSEN IN DEN KNOCHEN, WAS EIGENTLICH

NUR DEN ZIEHENDEN SCHMERZ BESCHREIBT

UND VON KEINEM EINREISSEN ZEUGT.

DER VORSITZENDE RICHTER MUSS RICHTEN

NACH DER BEWEISLAGE, DAS HEISST

ORDNUNG UND RECHT VERKÜNDEN.

DIE TURNERRIEGE WIRD SICH NACH DER GRÖSSE

DER SPORTLER

AN DER AUFSTELLLINIE RICHTEN

WIE DIE LONGIERMÄDCHEN STETS VON GROSSER

NACH KLEINER KÖRPERGRÖSSE SICH RICHTEN.

ABER EINRICHTEN

KANN MAN NICHT NUR EINE WOHNUNG,

AUCH GERÄTE KANN UND MUSS MAN

GEMÄSS SEINER BEABSICHTIGTEN NUTZUNG

SPEZIELL EINRICHTEN.

SICH SELBST EINRICHTEN MEINT,

DASS MAN SEINE UMWELT UND SEIN UMFELD

SEINEN EIGENEN BEDÜRFNISSEN ANGEPASST HAT

UND DANACH MÜSSEN SICH DANN FREUNDE

OFT RICHTEN.

WIE LIEBE ICH DAS WORT REISEN, WEIL ES MIR
NEUE EINDRÜCKE UND ERLEBNISSE VERSPRICHT.
SELBST DAS WORT LÖST SCHON
SEHNSUCHTSVOLLES ERWARTEN AUS.

OFT IST DAMIT ABER EIN EINREISEN
IN EIN FREMDES LAND, IN EINE FREMDE KULTUR,
IN FREMDE GEWOHNHEITEN VERBUNDEN.
DIE FORMALITÄTEN DER LÄNDER MÜSSEN
BEIM GEBOTENEN EINREISEN BEOBACHTET WERDEN
UND VORBEI IST SIE ERST, WENN DIE KONTROLLE
PASSIERT IST.
SO HABE ICH MAL BEI EINER BEABSICHTIGTEN
EINREISE IN DEN OSTTEIL DER DEUTSCHEN
HAUPTSTADT DIE EINREISE VERWEHRT BEKOMMEN,
WEIL ES DEN POLITISCHEN HERRSCHERN
ANGEMESSEN ERSCHIEN. DABEI HABEN SIE SOGAR
EINEN GÜLTIGEN WESTDEUTSCHEN PASS
MIT MARKIERUNGSPUNKTEN WERTLOS GEMACHT.

BEI EINER ENTGEGENGESETZTEN FAHRT
FIEL MIR MEIN AUSWEIS IN DEN FENSTERSCHACHT
DER FAHRERTÜR

UND ICH HATTE PANISCHE ANGST,
DASS ICH NICHT NACH HAUSE IN DEN WESTTEIL
EINREISEN KÖNNTE.
REISEN IST EBEN BESONDERS BEIM EINREISEN
OFT MIT RISIKEN VERBUNDEN.

BESTIMMTE METALLE LEITEN STROM SEHR GUT.
MANCHE RUDELFÜHRER LEITEN IHRE SCHAR
SELBSTBEWUSST UND UMSICHTIG.
OFT LEITEN UNS INNERE MOTIVE BEI HANDLUNGEN
UND TATEN, DIE NICHT IMMER ÜBER DEN VERSTAND
GEPLANT SIND.

ABER EINLEITEN WERDEN BEHÖRDEN UND ÄMTER
BESTIMMTE VERFAHREN EINER BEWERTUNG,
BEURTEILUNG ODER ERLAUBNISERTEILUNG USW.
SCHMUTZWASSER AUS HAUSHALTEN MUSS MAN
EINLEITEN IN DIE KANALISATION EINER GEGEND,
UM ES GEORDNET ZU ENTSORGEN.

DAS SCHALTEN BEIM AUTO

ERMÖGLICHT EINE GETRIEBEEINSTELLUNG

FÜR UNTERSCHIEDLICHE GESCHWINDIGKEITEN

UND BELASTUNGEN.

OFT SPRECHEN WIR IM KOMMUNIKATIONSSTIL

MITEINANDER AUCH VOM ZU LANGSAMEN

SCHALTEN,

WIR SCHALTEN AN, WIR SCHALTEN AUS,

DOCH WENN WIR EINSCHALTEN SIND WIR AUCH

FÜR DAS ABSCHALTEN VERANTWORTLICH.

EINSCHALTEN HEISST EINMAL

ALLE HINDERNISSE AUSZURÄUMEN

IM ANDEREN SINN ABER AUCH

SICH EINSCHALTEN –

EINEN NOCH NICHT BEDACHTEN LÖSUNGSWEG

EINZUBRINGEN.

DIE FLÜGEL SCHLAGEN,

DAMIT DAS TIER IN DER LUFT SICH HALTEN KANN,

DIE HÄMMER VOM KLAVIER SCHLAGEN

AN DIE SAITEN, UM DEN TON ZU ERZEUGEN.

DER SCHLAGZEUGER WIRD BESTIMMTE RHYTHMEN

SCHLAGEN UND DAMIT EINE STRUKTUR VON

ZEITEINHEITEN ERZEUGEN,

DOCH EINE BESTIMMTE RICHTUNG

WERDEN WIR ABHÄNGIG VOM PERSÖNLICHEN ZIEL

EINSCHLAGEN

ODER ABER BEI BÖSER EINBRUCHSABSICHT

VIELLEICHT EINE FENSTERSCHEIBE EINSCHLAGEN.

DEN GEKAUFTEN FISCH

WIRD DIE VERKÄUFERIN EINSCHLAGEN

IN ENTSPRECHENDES VERPACKUNGSPAPIER,

DAMIT ER VOM KÄUFER

SAUBER NACH HAUSE GETRAGEN WERDEN KANN.

SCHLAGEN IST EINE MENSCHLICHE ART

DER AUSEINANDERSETZUNG,

DIE AN TIERISCHE REVIERKÄMPFE ERINNERT

ODER AN ABWEHRBEWEGUNGEN

GEGEN FRESSFEINDE.

SCHENKEN ALS ZUNEIGUNGSBEWEIS

OHNE FORTPFLANZUNGSABSICHT

GIBT ES NUR BEI MENSCHLICHEN GEMEINSCHAFTEN,

DENN IM TIERBEREICH DIENT ALLES

DER ARTERHALTUNG.

SCHENKEN SOLLTE DEM GEBENDEN

UND DEM EMPFÄNGER FREUDE BEREITEN.

WIR SPRECHEN AUCH VOM SCHENKEN

EINES LÄCHELNS, WAS ZU WOHLBEHAGEN

UND SOGAR ZU BIOLOGISCHEN REAKTIONEN IM

KÖRPER FÜHREN KANN.

EINSCHENKEN KÖNNEN WIR NUR GETRÄNKE

OB ALKOHOLHALTIG ODER NICHT.

AUCH AUFMERKSAMKEIT SCHENKEN

IST EIN ACHTUNGSERWEIS,

WENN DIE AUFMERKSAMKEIT NICHT DURCH

EXENTRISCHES GEBAREN HERAUSGEFORDERT WIRD.

WIR SCHICKEN DIE KINDER IN DIE SCHULE

ODER ZUM SCHWIMMUNTERRICHT.

DIE BLUMEN SCHICKEN WIR DEM FERNEN FREUND

EBENSO WIE DIE NACHRICHTEN

HEUTE PER ELEKTRONISCHER POST.

DER SCHRIFTSTELLER WIRD SEIN MANUSKRIPT

VERSCHIEDENEN VERLAGEN SCHICKEN

IN DER HOFFNUNG, DASS ER VERLEGT WIRD.

ABER DEN VATERSCHAFTSTEST WIRD DER

ZWEIFELNDE IN FORM EINER DNA-PROBE

EINSCHICKEN.

TREFFEN IST BEGEGNEN – OB AN EINER KREUZUNG
ODER IM RESTAURANT MIT ANDEREN MENSCHEN.
EBENSO
KANN MAN DURCH UNSOZIALES VERHALTEN
ABER AUCH DAS GEFÜHL EINES ANDEREN TREFFEN
WIE MIT EINEM GEWORFENEN GEGENSTAND
DEN KÖRPER.
WENN WIR DAS THEMA GENAU TREFFEN
BEI EINER ERÖRTERUNG DANN SPRICHT MAN VON
„DEN NAGEL AUF DEM KOPF TREFFEN".

EINTREFFEN BEZEICHNET ABER DAS ERSCHEINEN
EINES MENSCHEN
ODER EINES ERWARTETEN EREIGNISSES.
DIE ERWARTUNG GEHÖRT ZUM EINTREFFEN,
DENN ES IST DAS BERÜHRTSEIN,
DAS VOM TREFFEN KÜNDET.

DIE SÜSSIGKEITEN WICKELN DIE PRODUZENTEN
OFT EINZELN EIN, DAMIT WIR SIE UNVERSCHMUTZT
IN DEN MUND STECKEN KÖNNEN.
DIE INDER WICKELN DEN TURBAN UM DEN KOPF
ODER WIR WICKELN DAS HANDTUCH
NACH DEM BAD UM DEN KÖRPER.

VOM EINWICKELN SPRECHEN WIR,
WENN UNS JEMAND SO UMGARNT,
DASS WIR SEINEN WÜNSCHEN NACHGEBEN.

MARSCHIEREN WIRD IN ARMEEN GEPFLEGT,

UM SICH GEGENSEITIG STÄRKE ZU SUGGERIEREN.

FRÜHER WAR AUF BÜCKEN

MARSCHIEREN VERBOTEN,

WEIL DIE GLEICHEN SCHWINGUNGEN

SICH AUF DAS MATERIAL ÜBERTRAGEN KÖNNTEN.

WENN TRUPPEN IN EIN FREMDES LAND

EINMARSCHIEREN,

DANN IST DER KRIEG DAMIT ERKLÄRT.

BEI OLYMPIADEN GIBT ES DAS EINMARSCHIEREN

DER NATIONENTEAMS BEI DER ERÖFFNUNG IN DAS

STADION.

AUCH HIER WIRD EIN KAMPF BEGONNEN

ABER AUF SPORTLICHER EBENE.

LÄNDER PRÄGEN DIE MÜNZEN MIT

LANDESTYPISCHEN SYMBOLEN,

UM IHRE HOHEITSMACHT DAMIT ZU BEKUNDEN.

WIR PRÄGEN UNS INFORMATIONEN EIN,

VON DENEN WIR ANNEHMEN, DASS SIE FÜR UNSER

LEBEN BEDEUTSAM SIND.

LERNINHALTE PRÄGEN WIR UNS EIN,

UM UNSERE BILDUNG ZU VERVOLLSTÄNDIGEN.

ALSO EINPRÄGEN GEHÖRT NOTWENDIGERWEISE

ZU JEDEM LERNPROZESS.

DAUERHAFT EINGEPRÄGTE INFORMATIONEN

NENNEN WIR WISSEN.

UM UNSEREN KÖRPER ÜBERLEBENSFÄHIG
ZU HALTEN, MÜSSEN WIR SOWOHL FÜR DIE NERVEN
ALS AUCH MUSKELN SCHLAFEN. WICHTIG IST,
DASS WIR IN DER DAFÜR VORGESEHENEN ZEIT
SCHLAFEN UND NICHT IN JEDEM BELIEBIGEN
MOMENT, DER UNSERE WACHHEIT FORDERT.
SCHLAFEN IM VERKEHR IST TÖDLICH,
IM BETT GESUND.

MIT DEM EINSCHLAFEN
HABEN ALLERDINGS VIELE MENSCHEN PROBLEME,
WEIL NOCH VIELE GEDANKEN, SORGEN, PFLICHTEN
DEN KÖRPER SAMT SEELE STÖREN.
DAS LETZTE EINSCHLAFEN
IST DER ABSCHIED VOM ERDENLEBEN.

MEDIKAMENTE SOLLEN WIRKEN –

WÜNSCHT SICH DER ARZT.

DER SCHAUSPIELER WILL MIT SEINER DARSTELLUNG

WIRKEN UND APPLAUS SOLL IHN DAFÜR BELOHNEN.

WETTERVERHÄLTNISSE WIRKEN AUF MENSCHEN

UND TIERE UND PFLANZEN.

WOLLEN WIR JEDOCH VERHALTEN KORRIGIEREN,

MÜSSEN WIR MIT VERSCHIEDENEN METHODEN

AUF DEN ANDEREN EINWIRKEN.

NUTZEN WIR SALBEN ZUR BEHANDLUNG,

MÜSSEN WIR WARTEN

BIS DIE WIRKSTOFFE AUF DEN KRANKHEITSORT

EINWIRKEN.

STERNE LEUCHTEN AM NACHTHIMMEL,
DER MOND LEUCHTET UNS
IN WOLKENLOSER NACHT DAZU
ODER WENN EINE GROSSE FREUDE
EINEN MENSCHEN BEWEGT, LEUCHTEN AUCH
DIE AUGEN – OBWOHL MAN DAS
NICHT WILLENTLICH ERZEUGEN KANN.
LEUCHTMITTEL WERDEN PRODUZIERT,
DAMIT SIE IN DUNKLER TAGESZEIT
FÜR UNS LEUCHTEN.

ABER EINE ERKLÄRUNG KANN VORAUSSETZUNG
DAFÜR SEIN, DASS ES ZUM EINLEUCHTEN FÜHRT,
DASS EIN MENSCH PLÖTZLICH KLAR SIEHT
ALSO VERSTEHT DIE URSACHE UND WIRKUNG
VON EREIGNISSEN.
DIE KUNST EINES NATURWISSENSCHAFTLERS
IN DER VERMITTLUNG IST, DASS ES OFT BEI
SCHÜLERN ZU SOLCHEM EINLEUCHTEN KOMMT.
AUCH BEI ANTRÄGEN MUSS DIE BEGRÜNDUNG
FÜR DIE POSITIVE BEANTWORTUNG
DEM ENTSCHEIDER EINLEUCHTEN.

REDEN IN DER MUTTERSPRACHE

BEGINNT SCHON IN FRÜHEN KINDERTAGEN.

SCHÜLER REDEN MITEINANDER ÜBER LEHRER

UND FREUNDE.

ELTERN REDEN MIT ANDEREN ELTERN

ÜBER DIE PROBLEME DER KINDER.

REDEN HABEN STETS EINEN BESTIMMTEN INHALT,

AUCH WENN EIN EINZELNER REDET,

GEHT ES UM BESTIMMTES.

SPANNUNGEN IM MITEINANDER KANN MAN

MANCHMAL DURCH REDEN ABBAUEN –

ABER NUR, WENN NICHT EINER DEM ANDEREN

EINREDEN WILL, DASS DER ANDERE SCHULD HÄTTE.

BEIM EINREDEN MANIPULIERE ICH

DURCH UNGEDULDIGES MITEINANDER.

ICH KANN MIR SOGAR SELBST ETWAS EINREDEN,

WENN ICH WAS GLAUBEN WILL, OHNE GENUG

BELEGE DAFÜR ZU HABEN.

VIEL BESSER ALS EINREDEN IST

DAS MITEINANDER REDEN

ODER GENAUES BEOBACHTEN UND ERKUNDEN.

ZEICHNEN IST EINE KUNSTFORM,

DIE MIT VERSCHIEDENEN MATERIALIEN GELINGT.

VON DER KREIDE ÜBER KOHLE, MIT BUNTSTIFTEN,

BLEISTIFTEN, MIT FEDERN UND TINTEN.

AUF EINER LANDKARTE KANN ICH DIE ORTE,

DIE ICH BEI REISEN BESUCHT HABE, EINZEICHNEN.

IN EIN DIAGRAMM KANN ICH MESSWERTE VON

EINER VERSUCHSREIHE EINZEICHNEN,

UM SIE DANN IM VERGLEICH AUSZUWERTEN.

SPUREN EINER DURCHZECHTEN NACHT

HINTERLASSEN OFT AUCH ZEICHEN

UNTER DEN AUGEN.

OFT ERKENNEN WIR ZEICHEN ALS VORBOTEN

FÜR BESTIMMTE FOLGEERSCHEINUNGEN,

ZUM BEISPIEL KANN EIN ARZT

AN ÄUSSERLICHEN ZEICHEN RÜCKSCHLÜSSE

AUF MÖGLICHE KRANKHEITEN ZIEHEN.

WIR SCHRAUBEN EINE KLINGEL ANS FAHRRAD
ODER DEN DACHGEPÄCKSTRÄGER AUF DAS AUTO,
DAS NAMENSSCHILD AN DIE TÜR
ODER DEN HAKEN IN DIE WAND.

ABER EINSCHRAUBEN MÜSSEN WIR ZUM BEISPIEL
DIE LEUCHTMITTEL IN DIE LAMPE.

SCHREITEN IST MEHR ALS GEHEN,
DENN DAS FÜR DAS PUBLIKUM GEZIERTE
VOREINANDERSETZEN DER BEINE
SOLL POPULARITÄT, MACHT, ANSEHEN, KOMPETENZ
VORGEBEN.
DESHALB SCHREITEN BRAUTLEUTE AUCH ZUM
ALTAR WEIL DIE BEDEUTSAMKEIT DES MOMENTS
DAMIT BESONDERS BETONT WERDEN SOLL.

ABER ORDNUNGSKRÄFTE WERDEN EINSCHREITEN,

WENN ES ZU TURBULENZEN ZWISCHEN MENSCHEN

KOMMT

ODER VERLETZUNGEN

DER STRASSENVERKEHRSORDNUNG

ZUR GEFÄHRDUNG FÜHREN.

HIER WIRD DER MACHTFAKTOR BESONDERS

DEUTLICH, DENN BESTIMMTE BERUFSGRUPPEN

HABEN DAZU NICHT NUR DIE BEFUGNIS –

NEIN AUCH DIE PFLICHT.

WER BEIM BEOBACHTEN VON GEWALT

NICHT EINSCHREITET,

IST EIN HASENFUSS ODER EIN LUMP.

SCHÜCHTERN SEIN KANN

EINE GESCHICKTE TAKTIK SEIN,

UM AUFMERKSAMKEIT ZU BEKOMMEN,

HILFSANGEBOTE ZU PROVOZIEREN

ODER EBEN AUCH AUSDRUCK

VON HEMMUNGEN, BESTIMMTES ZU TUN.

VOR ÜBERGEORDNETEN PERSONEN

SIND VIELE MENSCHEN EHER SCHÜCHTERN –

WEIL SIE DEREN MACHT FÜRCHTEN.

ABER EINSCHÜCHTERN

WIRD DER SELBST ERNANNTE STARKE,

DER DURCH ANGSTVERBREITEN SEINE EIGENE

ERBÄRMLICHKEIT VERSTECKT.

WER EINSCHÜCHTERT IST UNSOZIAL

UND AGGRESSIV UND NICHT ACHTUNGSWÜRDIG.

DIE FÄHIGKEIT DER AUGEN IST – ZU SEHEN.

WIR ERFASSEN DIE WELT DURCH BILDER,

DIE WIR DEUTEN, SPEICHERN UND IN SPRACHE

ÜBERSETZEN.

WIR SEHEN DEM FREUND IN DIE AUGEN,

DEN FILM IM KINO, DAS THEATERSTÜCK,

DIE KUNSTWERKE – EBEN ALLES.

SEHEN WIR DIE BLUMEN AUF DER WIESE,

ERFREUEN WIR UNS AN DEN SCHÖNHEITEN

DER NATUR.

EINSEHEN WERDE ICH ABER EINEN FEHLER ERST,

WENN ICH AUCH VERSTANDEN HABE, WAS FALSCH

AN MEINEM HANDELN.

EINSEHEN IST EINE INTELLEKTUELLE LEISTUNG,

DIE BEWERTUNGEN ZUR DISKUSSION STELLT.

OB IM MONOLOG MIT SICH SELBST ODER IM DIALOG

MIT ANDEREN, IST DABEI NICHT WESENTLICH.

WIR SENDEN INFORMATIONEN MIT TECHNISCHEN
HILFSMITTELN BIS AUF DEN MOND.
DEN BOTSCHAFTER ZUR VERTRETUNG UNSERER
INTERESSEN IN EIN ANDERES LAND,
DEN MISSIONAR, UM RELIGION ZU VERBREITEN,
DEN KUNDENDIENST ZUR WARTUNG VON GERÄTEN

– ABER EINSENDEN WERDEN WIR DAS WERK
ZUM WETTBEWERB –
EGAL IN WELCHER KUNSTGATTUNG.

BÖRSENKURSE KÖNNEN SINKEN –
WIE METALLE IM WASSER SINKEN.
KOCHEN WIR NUDELN, SINKEN SIE ERST MAL
AUF DEN TOPFBODEN BEVOR SIE QUELLEN
UND IM TOPF HERUMWIRBELN.

BEGEBEN WIR UNS AUF MORASTIGEN GRUND,
KÖNNEN WIR EINSINKEN, DAS DAS LANGSAME
BEHINDERTE SINKEN BESCHREIBT

VERSTANDEN ZU HABEN, MEINEN WIR OFT,

OBWOHL WIR NIEMALS WISSEN KÖNNEN,

WAS WIR NOCH NICHT VERSTANDEN HABEN.

ABER NUR MIT DEM GEFÜHL,

VERSTANDEN ZU HABEN, SIND WIR OFFEN

FÜR WEITERFÜHRENDE INFORMATIONEN.

MACHT UNS JEMAND EINEN VORSCHLAG

ZU EINEM GEMEINSAMEN TERMIN

ODER FÜR EIN GEGENSEITIGES HANDELN,

DANN KÖNNEN WIR DAMIT EINVERSTANDEN SEIN

ODER NICHT.

DURCH EINEN WALD WANDERN,
ERMÖGLICHT VIELE WIRKUNGEN.
DIE VÖGEL IN DER LUFT, DIE KLEINEN TIERE
IM UNTERHOLZ,
DIE ÄTHERISCHEN ÖLE ZU ATMEN IST HEILSAM
FÜR UNSERE ATEMWEGE.
WANDERN MIT FREUNDEN ERHÖHT FÜR MANCHEN
NOCH DEN GENUSS.

SPRECHEN WIR ABER VOM EINWANDERN,
DANN VERBINDEN WIR SOFORT HILFESUCHENDE,
FREMDE, JA BEDROHUNG UNSERER EIGENEN
EXISTENZ DAMIT.
DABEI TRÄUMEN VIELE MENSCHEN DAVON,
IN EIN ANDERES LAND NACH DEM AUSWANDERN
AUCH EINZUWANDERN –
AUCH OHNE KRIEG UND NOTSITUATIONEN.

DAS ANSÄSSIGSEIN AN EINEM BESTIMMTEN ORT

IN BESTIMMTEN RÄUMEN

BEZEICHNEN WIR IN UNSEREM SPRACHGEBRAUCH

ALS WOHNEN.

OB IM MOBILEN WOHNWAGEN, IN EINER WOHNUNG

IM MIETSHAUS ODER IM EINFAMILIENHAUS.

LASSEN WIR JEMAND MIT EINWOHNEN,

GEWÄHREN WIR JEMAND EINE HEIMSTATT

OHNE FAMILIENZUGEHÖRIGKEIT.

DIE ROULADEN FÜLLEN WIR MIT SPECK, ZWIEBELN,
GURKE, UM IHR DEN SPEZIELLEN GESCHMACK
ZU GEBEN.
VERKÄUFER FÜLLEN GEWÜNSCHTE WAREN
IN TÜTEN ODER SÄCKE.

FLÜSSIGKEITEN MUSS ICH EINFÜLLEN
WIE MIT DER TANKPISTOLE DEN SPRIT.
AUCH DER WIRT MUSS DAS BIER EINFÜLLEN,
EHE ER ES DEM GAST SERVIERT.
DIE SCHLAGSAHNE SOLLTE ICH ERST
IN DIE SPRITZTÜTE EINFÜLLEN,
UM DANN DAMIT DIE TORTE
KUNSTVOLL ZU VERZIEREN.

REITEN IST EINE SPORTART,

DIE GROSSER DISZIPLIN BEDARF.

DAS ZUSAMMENSPIEL ZWISCHEN TIER UND MENSCH

IST AM REITEN GUT ZU ERKENNEN.

KINDER REITEN BEREITS AUF STECKENPFERDEN,

WIE MANCHE FREUNDE

AUF EINEM FRÜHEREN FEHLER IMMER WIEDER

REITEN – OHNE DABEI VORAN ZU KOMMEN.

EINREITEN IST NICHT NUR EINE NOTWENDIGKEIT

FÜR WILDE PFERDE – NEIN AUCH DAS EINREITEN

ZU EINER PARADE KANN HOHE REITKUNST

BEZEUGEN.

KLAGEN ERLEICHTERT, WEIL MAN MEINT,
DASS EIN ANDERER MITTRÄGT
UND DIE LAST LEICHTER DADURCH WÜRDE.
OFT IST ES AUCH SEHR HEILSAM, DAMIT DIE
REAKTION EINES ANDEREN HERAUSZUFORDERN
UND VON EINEM ANDEREN BLICKWINKEL
ETWAS ZU BETRACHTEN.

WENN ICH ETWAS EINKLAGE, DANN FÜHLE ICH MICH
ABSOLUT IM RECHT UND UM ETWAS BETROGEN.
ICH MEINE, ES STÜNDE MIR ZU UND DESHALB
WERDE ICH ES EINKLAGEN.
NICHT IMMER HABE ICH MIT SOLCHEM ANSINNEN
ERFOLG.

HABEN WIR MIT KLEBERN GEARBEITET,
KLEBEN OFT AUCH UNSERE FINGER.
AN DER FLIEGENFALLE SOLLEN
DIE DAGEGEN GEFLOGENEN TIERE KLEBEN,
WENN WIR NICHT GENUG ACHTSAM,
KLEBEN UNSERE HAARE AUCH IN DER FALLE.

ANDERS IST ES BEIM EINKLEBEN,

DA ORDNEN WIR DINGE, UM SIE AUFZUBEWAHREN.

OB RECHNUNGEN FÜR DIE STEUER

ODER KINDERBILDER ODER BILDER UNSERER TIERE.

MAN KANN AUCH MENSCHEN ERLEBEN,

DIE ANEINANDER KLEBEN UND SEHR SCHWER

ZU TRENNEN SIND,

WOBEI DER EINE MEIST DER FÜHRER

UND DER ANDERE NUR DER FOLGER.

DER SKULPTEUR LERNT DAS MEISSELN

IN HARTEN MARMOR ODER ANDERES GESTEIN.

IM VOLKSMUND SPRICHT MAN VON

„MEISSLE DIR DAS INS GEHIRN".

DANN MEINT MAN DIE UNVERGESSLICHE

ERINNERUNG DARAN.

DESHALB WERDEN DIE BILDHAUER IN GRABMALE

DIE DATEN DER VERSTORBENEN ZUR ERINNERUNG

EINMEISSELN, DAMIT IM STEIN DEM WIND

UND WETTER WIE IM LEBEN DURCH AUF UND AB

GETROTZT WIRD.

STUDIEREN KANN MAN NUR
DURCH ANREICHERUNG VON WISSEN.
DABEI KANN DAS BEOBACHTEN DER MIMIK, GESTIK,
DES VERHALTENS EBENSO ALS STUDIUM DIENEN
WIE DAS BÜFFELN AUS BÜCHERN MIT DEM WISSEN
ANDERER. DIE DRITTEN STUDIEREN REAKTIONEN
VON MATERIALIEN, DIE ZUEINANDER FINDEN
IN DER NATUR ODER IM LABOR.

ABER EINSTUDIEREN KANN MAN NUR
TEXTE, MIMIK, GESTIK, DIE DAZU DIENT,
DAS INNERE DIREKTE VERHALTEN ZU VERSTECKEN
WEIL ES EVENTUELL DIE SCHAUSPIELROLLE
VERLANGT ODER WIR IM WIRKLICHEN LEBEN
JEMAND VORSÄTZLICH TÄUSCHEN WOLLEN.
MUSIKER SIND KÜNSTLER DES EINSTUDIERENS,
DENN DIE WENIGSTEN SCHÖPFEN AUS SICH SELBST.
ERSATZWEISE SPIELEN SIE KREATIONEN
VON OFT LÄNGST NICHT MEHR IM DIESSEITS
LEBENDEN.

PLAGT UNS HUNGER UND DURST,

STÜRZEN WIR UNS OFT RECHT UNKULTIVIERT

AUF DIE GEBOTENEN SPEISEN UND GETRÄNKE.

DAS GLATTEIS KANN URSACHE SEIN,

DASS WIR STÜRZEN EBENSO WIE EINE KLEINE

UNEBENHEIT AUF DER ERDE,

DIE UNS IM GEDANKENVERLORENSEIN ERWISCHT.

ABER EINSTÜRZEN WERDEN RUINEN ODER HÄUSER,

DIE DEN GESETZEN DER STATIK WIDERSPRECHEN.

DEIN KARTENHAUS WIRD EINSTÜRZEN MEINT,

DASS ALLES AUF INSTABILEM GRUND STEHT

UND DER KLEINSTE WIND GENÜGT, ES

ZUM EINSTÜRZEN ZU BRINGEN. AUFBAUSCHEN,

ÜBERTREIBUNGEN, WUNSCHDENKEN

ALS WAHRHEITEN WEITERGEGEBEN,

MUSS EINSTÜRZEN, WEIL DIE REALITÄT DEM

WEITERGESAGTEN NICHT ENTSPRICHT.

TAUCHEN AUGEN ZWEIER MENSCHEN

TIEF INEINANDER,

IST ES MEIST SCHON UM SIE GESCHEHEN.

DER BLICK STREIFT NUR NOCH DAS HINEINSEHEN,

DIE SUCHE NACH DEM DAHINTER IST DER VERSUCH,

EINZUTAUCHEN IN DAS INNERE DES ANDEREN.

PERLENFISCHER TAUCHEN TIEF INS WASSER,

UM MUSCHELN ZU FINDEN,

ABER DIE FEDER WERDEN WIR IN DIE TINTE NUR

EINTAUCHEN – WEIL SIE SONST

UNERWÜNSCHTE FLECKEN DURCH TROPFEN

BEIM SCHREIBEN HINTERLÄSST.

EBENSO WIRD DER MALER DEN PINSEL

NUR EINTAUCHEN IN DIE FARBE.

BEI PRODUKTIONSPROZESSEN WIRD OFT DAS

TAUCHEN ZU EINEM WICHTIGEN SCHRITT

ZUM BEISPIEL GEGEN ROST ZU SCHÜTZEN

ODER MIT SCHOKOLADE ZU VEREDELN.

WIR TAUSCHEN BLICKE AUS,

UM UNS ZU VERSTÄNDIGEN.

WIR TAUSCHEN BEIM EINKAUF

WARE GEGEN GELD.

WIR TAUSCHEN FREUNDSCHAFTSRINGE

ALS ÄUSSERES ZEICHEN UNSERER VERBUNDENHEIT.

ABER EINTAUSCHEN WIRD MAN NUR DAS,

WAS FÜR EINEN SELBST

DEN GERINGEREN WERT HAT.

OB ES DER MATERIELLE WERT IST

ODER DER IDEELLE, GELD ODER LIEBE,

LÄSST SICH IM VOLKSMUND HÖREN:

„ICH WÜRDE .... NICHT FÜR MILLIONEN

EINTAUSCHEN".

VERFOLGT MAN JEDOCH LANGZEITIG

VIELE BINDUNGEN UNTER EINST VERLIEBTEN

KOMMT ES OFTMALS DANN DOCH

ZUM EINTAUSCHEN GEGEN

ODER ZUM TAUSCHEN DER PARTNER.

HOBBIES KANN MAN TEILEN

WIE UNS BRIEFTAUBENZÜCHTER ZEIGEN

ODER DAS VOLLE FUSSBALLSTADION

DER ANHÄNGER.

JEDE MENGE KANN MAN TEILEN IN EINE KLEINERE.

DESHALB IST DAS TEILEN

AUCH IN JEDEM LEBENSAUGENBLICK WICHTIG,

WEIL WIR UNSERE KRÄFTE EINTEILEN SOLLTEN.

WER NICHT EINTEILEN KANN, WIRD BALD NICHT

MEHR ZUM TEILEN FÄHIG SEIN.

NUR WER SEIN GELD EINTEILT,

KANN ES AUCH, WENN GEWÜNSCHT ODER NÖTIG

MIT JEMANDEM TEILEN.

EIN AUTO ZU TEILEN KOMMT IN MODE –

ABER NUR DIE NUTZUNG NICHT DEN GEGENSTAND.

DAS WORT TRAGEN RUFT LAST

IN UNSER BEWUSSTSEIN.

ABER NICHT IMMER MUSS ETWAS VON A NACH B

TRANSPORTIERT WERDEN. MAN KANN AUCH EINEN

VERPFLICHTENDEN NAMEN TRAGEN, DER NUR

MORALISCHE LAST BEDEUTET.

DER GEIST KOMMT ZUM ZUG, WENN ICH EINEN
GEDANKEN MIT MIR HERUMTRAGE, DER WARTET,
BEARBEITET ZU WERDEN. UND WIEDER SIND HIER
KÖRPER –GEIST – UND SEELENBEZÜGE
HERGESTELLT.

EINTRAGEN WERDE ICH MICH IN EINEN AUFRUF
ZU BESTIMMTEM VORHABEN
ODER IN EINE SPENDENLISTE
ODER EINE HOSCHSCHULLISTE
ODER IN EINE BESTELLLISTE
FÜR EIN BEGEHRTES AUTO.

DIE HAUSFRAU WIRD DAS WÄSCHESTÜCK

BEIM BÜGELN WENDEN,

UM AUCH DIE RÜCKSEITE ZU GLÄTTEN.

HABEN WIR IM VORÜBERGEHEN FLÜCHTIG

EIN BEKANNT GEFÜHLTES GESICHT ERKANNT,

WERDEN WIR UNS WENDEN, UM UNSEREN EINDRUCK

ZU PRÜFEN.

BEIM SEGELN WENDEN WIR DAS SEGEL,

WIE DER WIND ES UNS FÜR UNSERE GEWÜNSCHTE

RICHTUNG ABVERLANGT.

BESTIMMTE PROBLEME ERFORDERN ES,

SICH AN EINEN FACHMANN ZU WENDEN.

ABER EINWENDEN WERDE ICH MEINE ARGUMENTE,

WENN MIR EINE FREMDLÖSUNG NICHT PASST

ODER SIE MIR NICHT RICHITG ERSCHEINT.

EINEN BLICK AUF EINE SCHAUFENSTERAUSLAGE
WERFEN IST OFT ZIEL BEIM BUMMELN.
DEN BALL IN DEN KORB WERFEN WILL JEDER
BASKETBALLSPIELER.
ABER WENN SPIELENDE KINDER
EINE FENSTERSCHEIBE EINWERFEN,
GIBT ES OFT ÄRGER.
AUCH DAS UNPASSENDE, STÖRENDE EINWERFEN
VON BEMERKUNGEN BEI EINEM ÖFFENTLICHEN
VORTRAG BRINGT OFT VERDRUSS – MINDESTENS
AUF EINER SEITE.

MARIONETTENSPIELER ZIEHEN AN DEN FÄDEN
ZUM BEWEGEN DER FIGUREN.
DEN SPLITTER ZIEHEN WIR AUS DEM FINGER –

ABER EINZIEHEN WERDEN WIR DIE KORDEL
IN DIE BLUSE
ODER DIE SCHNÜRSENKEL IN DIE SCHUHE.

EISENNÄGEL ROSTEN, WENN SIE UNGESCHÜTZT
DEM WASSER AUSGESETZT SIND.
UM ROSTEN ZU VERHINDERN, MÜSSEN
BESTIMMTE SCHUTZCHEMIKALIEN AUFGETRAGEN
WERDEN ODER ELEKTRISCHE VORGÄNGE
EINGELEITET WERDEN.

ABER EINROSTEN DROHT IM ÜBERTRAGENEN SINNE
DEN GELENKEN, WENN SIE NICHT REGELMÄSSIG
GENUTZT WERDEN.
SOWOHL BEI TECHNISCHEN GERÄTEN
EBENSO WIE BEI MENSCHEN.
DAS SPRICHWORT – WER RASTET, DER ROSTET, –
WARNT VOR DEM EINROSTEN

GEDANKEN ZU SORTIEREN IST SCHWERER

ALS DIE SOCKEN, DIE ZUEINANDER PASSEN.

GEFÜHLE SORTIEREN

IST ÜBERHAUPT NICHT MÖGLICH.

ABER BEIM EINSORTIEREN WEISS JEDER,

DASS ES UM ZUEINANDERGEHÖRENDES GEHT.

BÜCHER EINSORTIEREN IST EIN REINES VERGNÜGEN,

WEIL DABEI DIE PHANTASIE IMMER AUCH

EINEN AUSFLUG IN DIE BUCHINHALTE

UNTERNIMMT.

INFORMATIONEN EINZUSORTIEREN, VERLANGT OFT

DETAILLIERTE KENNTNIS DER BETREFFENDEN

SACHVERHALTE UND EREIGNISSE.

BESTELLTE WAREN
WERDEN DIE VERKÄUFER LIEFERN
EBENSO WIE SCHÜLER
DIE HAUSAUFGABEN LIEFERN SOLLTEN,
UM DEM NÄCHSTEN UNTERRICHTSSTOFF
FOLGEN ZU KÖNNEN.

ABER EINLIEFERN WERDEN WIR DAS KIND
MIT BLINDDARMSCHMERZEN SEHR RASCH
IN EINE KLINIK, EH SCHLIMMERES PASSIERT.

VERHALTENSWEISEN, DIE SICH GEGEN SOZIALE
GRUNDREGELN RICHTEN UND GEFÄHRLICH FÜR DAS
UMFELD WERDEN, WERDEN EIN EINLIEFERN IN EINE
PSYCHIATRISCHE KLINIK ZUR FOLGE HABEN.

WIR FORDERN OFT VON UNS SELBST SO VIEL
LEISTUNG, DASS WIR ÜBER ERSCHÖPFUNG KLAGEN,
DIE VON AUSSEN BEOBACHTENDEN
NICHT NACHVOLLZOGEN WERDEN KANN.
GEISTIGES FORDERN IST IMMER NUR
AM ERGEBNIS MESSBAR UND SEELISCHES FORDERN
WIRD NOCH VIEL WENIGER AUSSEN SICHTBAR.
DASS EIN HOLZHACKER SEINE MUSKELN FORDERT,
ERKENNT JEDER AN.

WAS KANN MAN IM LEBEN DENN EINFORDERN,
DOCH NUR ACHTUNG UND ANERKENNUNG
BEI UNTADELIGEM VERHALTEN.
EINE SCHULDSUMME KÖNNTE MAN EINFORDERN
ZU EINEM BESTIMMTEN ZEITPUNKT.

SCHMETTERLINGE FANGEN IST

EIN KINDERVERGNÜGEN

FÜR ZOOLOGEN EIN TEIL IHRES

FORSCHUNGSDRANGS.

SCHNEEFLOCKEN ODER REGENTROPFEN

MIT DEM GESICHT ZU FANGEN, IST

EIN BESONDERES VERGNÜGEN.

ABER EINFANGEN MUSS ICH DIE AUS DEM ZOO

ENTLAUFENEN TIERE

ODER DEN VON DER LEINE GERISSENEN HUND.

AUCH WASCHBÄREN, DIE SICH IM TAUBENSCHLAG

VERKROCHEN HABEN,

MUSS ICH EINFANGEN, UM SCHADEN ABZUWEHREN.

JEDES ROLLENDE FAHRZEUG MÜSSEN WIR LENKEN.

SCHON DEN PUPPENWAGEN LENKEN

KLEINE KINDER, DAMIT ER AUF DEM BÜRGERSTEIG

BLEIBT.

OB WIR IM DRACHENFLIEGER DURCH ZIEHEN

AN DEN SCHNÜREN LENKEN

ODER MIT DEM JOYSTICK DAS SPIELFAHRZEUG

IM RECHNER LENKEN,

IST JEWEILS NUR EIN ANDERES METIER.

ICH ÜBERTRAGE MEINE ABSICHT AUF MATERIELLE

GEGENSTÄNDE.

EINLENKEN IST ABER IMMER EINE INTERAKTION

ZWISCHEN MENSCHEN.

DIE STIMMUNG IST DURCH UNTERSCHIEDLICHE

ANSICHTEN VERDORBEN UND FESTGEFAHREN

UND ERST DURCH EINLENKEN

KANN FRIEDEN WIEDER VERSUCHT WERDEN.

STARKE LICHTER BLENDEN DIE AUGEN,

DENN SELBST DIE SONNE IST EIN NATURLICHT

UND UNSERE AUGEN KÖNNEN DAS NICHT

OHNE SCHUTZGLÄSER VERTRAGEN.

ABER KÜNSTLICHES LICHT, WAS BEIM SCHWEISSEN

ENTSTEHT, BLENDET EBENFALLS UNSERE AUGEN.

ABER BLENDEN WIRD EIN AUFSCHNEIDER

SEINE ZUHÖRER DURCH UNWAHRE

AUSSCHMÜCKUNGEN, UM SICH SELBST

ODER SEIN ANGEBOTENES IN BESSEREM LICHT

DASTEHEN ZU LASSEN.

UNSER GANZES FERNSEHPROGRAMM DER PRIVATEN

FERNSEHSENDER WIRD VON FIRMEN GENUTZT,

UM WERBESPOTS STÄNDIG EINBLENDEN ZU LASSEN.

SALZ STREUEN WIR UNS AUF DAS BUTTERBROT
ODER DEN SAND AUF DIE VEREISTE STRASSE.
WIR STREUEN GERÜCHTE, WENN WIR
VERLEUMDERISCHE ABSICHTEN HEGEN.
LICHTSTRAHLEN STREUEN, WENN WIR SIE DURCH
LINSEN SCHICKEN. EIN KREBS KANN IM KÖRPER
STREUEN, WENN ER NICHT ERFOLGREICH BEKÄMPFT
WERDEN KONNTE.

ABER JEDER HÜHNERHALTER MUSS SPÄNE ODER
TROCKENE BLÄTTER IN DEN STALL EINSTREUEN.
AUCH PFERDEHALTER ACHTEN DARAUF,
DASS DIE STALLARBEITER ORDENTLICH STROH
IN DIE BOXEN EINSTREUEN.

WIR KOMMEN ZUM TREFFPUNKT

MIT FROHER ERWARTUNG

ODER ZUM BEFOHLENEN TERMIN

MIT BANGEM GEFÜHL.

HUNDE KOMMEN

IHREM GELIEBTEN HERRCHEN ODER FRAUCHEN

SCHWANZWEDELND ENTGEGENGELAUFEN.

JEDOCH DAS EINKOMMEN IST DER LOHN

FÜR UNSERE ARBEIT.

OFT WÜNSCHEN WIR UNS EIN FESTES EINKOMMEN

ABER NICHT DAS ANGEBUNDENSEIN AN

DEN ARBEITGEBER UND SIND ALS EIGENER CHEF

OFTMALS MIT UNREGELMÄSSIGEREM EINKOMMEN

ZUFRIEDEN.

IM WINTER HEIZEN WIR UNSERE WOHNUNGEN.
IM AUTO HEIZEN WIR NICHT NUR MIT DEM MOTOR –
AUCH MIT EINEM EXTRA HEIZSYSTEM

ABER EINHEIZEN WERDEN WIR EINEM FAULPELZ,
DASS ER FEUER UNTERM HINTERN SPÜRT
UND SICH EILENDS BEWEGT.

WIR STEHEN IN DER WARTESCHLANGE
ODER VOR EINEM SCHAUFENSTER,
AM KÜCHENHERD ODER AUF DER LEITER

ABER EINSTEHEN VERLANGT MUT UND COURAGE,
DENN OFT ENTSTEHT DURCH DAS EINSTEHEN
FÜR EIN FEHLVERHALTEN AUCH EINE AHNDUNG
MIT STRAFE IN AUSSICHT.

MAN MUSS HÄUSER MAUERN MIT STEINEN,

DIE MAN MIT MÖRTEL VERBINDET.

AUCH WENN MANCHE NUR NOCH GANZE BAUTEILE

VERMAUERN, BLEIBT DAS STAPELN

UND ZUSAMMENFÜGEN.

BEIM SKATSPIEL MAUERN SCHLAUE SPIELER,

UM DEM MITSPIELER NICHT DAS GUTE BLATT

ZU VERRATEN.

MAUERN BEDEUTET, EINE WAND EINZUBAUEN

AUCH OHNE MATERIALIEN,

REIN SEELISCH SICH ZU VERSCHLIESSEN

UND DEN EINLASS UND ZUGANG ZU VERWEHREN.

EINMAUERN WIRD DER GEIZIGE SEIN VERMÖGEN,

DER MÖRDER VIELLEICHT DIE LEICHE

ODER ABER DER BAUHERR

DIE ZEITZEUGNISSE IN DEN GRUNDSTEIN.

SCHIFFEN IST EIN UNKULTIVIERTER AUSDRUCK

FÜR EIN MENSCHLICHES BEDÜRFNIS.

ABER EINSCHIFFEN MUSS MAN SICH,
WENN MAN AUF EINE SEEREISE GEHEN WILL.
EINSCHIFFEN IST ABER AUCH EINE SAUEREI
UND IN JEDER LEBENSSITUATION UNERWÜNSCHT.

RASTEN SOLLTE JEDER AUTOFAHRER ÖFTER
WÄHREND EINER LANGEN REISE. UM ZUM RASTEN
EINZULADEN, BIETEN RASTSTÄTTEN AUCH
LECKERES ESSEN, GETRÄNKE,
ERINNERUNGSGESCHENKE UND VIELES MEHR.
DER DIEB, DER EINEN TRESOR KNACKEN WILL,
HÖRT GENAU AUF DAS EINRASTEN
DER SICHERHEITSRIEGEL.

BEIM AUFZIEHEN MECHANISCHER UHREN
HÖRT MAN DAS EINRASTEN DER ZAHNRÄDER
ZUM BEISPIEL BESONDERS DEUTLICH BEI
KUCKUCKSUHREN.
AUCH BEI EINER KETTENSÄGE ENTSTEHT
DAS GERÄUSCH DURCH DAS EINRASTEN
DER KETTE IN DIE HAKEN DES SÄGEBLATTES.

MENSCHEN FÜHLEN TEMPERATUREN,

FÜHLEN SCHMERZEN, FÜHLEN GEFAHREN.

EINE MUTTER FÜHLT AN DER STIRN DES KINDES –

OB ES FIEBER HAT

ODER FÜHLT AN DER BABYFLASCHE –

OB SIE SCHON RICHTIG TEMPERIERT IST.

DAS EINFÜHLEN

IST NICHT ALLEN LEBEWESEN GEGEBEN.

SOGAR BEI DEN MENSCHEN GIBT ES WELCHE,

DIE NICHT EINFÜHLEN WOLLEN ODER KÖNNEN.

BEGEGNEN WIR ABER EINFÜHLENDEN MENSCHEN,

FÜHLEN WIR UNS GEBORGEN UND ANGEZOGEN

WEIL WIR UNS VERSTANDEN FÜHLEN.

EINFÜHLEN IST AUCH EIN DERIVAT DER LIEBE.